リロ氏の ソロキャン レシピ

マキノ出版

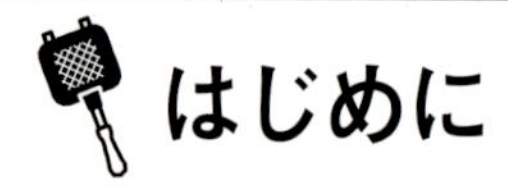

はじめに

みなさんこんにちは、卯氏です。

この本を手に取ってくださったかたの中には、はじめましてのかたもいらっしゃると思います。ぼくはネット上でよく「ホットサンドメーカーの人」とか「マキシマム（ぼくのお気に入りのスパイスのこと）の人」といわれます。

なぜ、そんなようにいわれているかはあとで説明しますが、実際は、犬なし単独忍び猟（犬を連れずにひとりで山を歩きまわる猟）を行う辺境僻地の“ソロハンター”です。

ハンターになった理由はとてもシンプル。子供のころから釣りやザリガニ獲り、虫採りなど、外遊びや探検が好きなうえに、小学生のころに観た「ターミネーター2」の影響で銃が好きだったからです。

それらが全部くっついた結果が“ハンター”。獲るものが、ザリガニからシカに変わっただけなのです。

こういうと、根っからのアウトドア派と思われがちですが、大学生の半ばまでは、食事と風呂以外はずっとゲームをしているような、バリバリのインドア派でした。

ぼくが行っている猟は「単独」、つまり「ソロ」で行うものですが、狩猟以外にも、キャンプ・ハイキング・釣

所持している銃については、部品交換取付及び改造はすべて店に委託し、生活安全課にて適切に書換・変更を済ませてあります。猟銃や銃の部品等も、すべて銃砲店を通して合法・正規品を購入しています。また、すべて安全に配慮し、法律を遵守しています。

りなど、さまざまなアウトドア活動をソロで楽しんでいます。
　最近は、ソロキャン（1人で行うキャンプの略）が話題となっています。ぼくは、誰にも気兼ねなく、自分のペースで好きなことを好きなだけ、それも自由にできるので、こんな楽しいことはないと感じています。
　休みがあれば、お酒とおつまみだけを持って、ソロキャンに出かけたりしているほどです。
　あまり大きな声でいうものではありませんが、ぼくは外で引きこもる「開放的な引きこもり」なのです！
「リロ氏」としてTwitterを始めたのは2015年。初めはごく普通にツイートをしていましたが、徐々に猟の話題やオススメのアウトドアギア（アイテム）などを紹介するようになっていきました。
　そのときから、料理の写真をたまに上げていたのですが、「そういえば動画も投稿できるよなぁ」と思い、2018年ごろからキャンプの料理動画の投稿をスタート。すると、次第に「テンポがいい」と高評価をもらうようになり、フォロワーも伸びてくるように。
　そして、本書にも掲載しているベーコンをチーズに沈めるレシピ（P.24）などでバズるようになり、みなさんがイメージする「ホットサンドメーカーの人」「マキシマムの人」になったのです。ハンティングがメインのアカウントなんですけどねｗ

現在では、ソロキャンとおうちの両方からホットサンドメーカーの料理動画を出しています。

ホットサンドメーカーとの出合い

それまでアウトドアめしは、ソロクッカーやメスティン（飯盒（はんごう））などを使って作っていました。

ソロキャンの鉄則は、荷物を極力減らすこと！

そのため、もっとコンパクトで持ち運びしやすくて、さらに利便性がある調理器具がほしくなり、思いついたのがホットサンドメーカー（通称：HSM）でした。

早速入手して、何を挟んだらおいしいか考えていたところ、「冷凍餃子が面白い」との情報を得ました。試しに焼いてみたら、その見事な焼け具合とおいしさにびっくり！

そこから「ホットサンドメーカーって、なんでも焼けるのでは？」と思い、粉物からスタートし、自由に作り続け、"絶望的に頭の悪い料理"をアップするいまに至っています。冷凍餃子を焼くのは、いまでもぼくの一番オススメのレシピです（写真右）。

1人分を作るのにちょうどいいサイズ感も、ソロキャンパーや1人暮らしにはうれしいところです。

ちなみに、ホットサンドメーカーできちんとホットサンドを作ったのは、最初のたった2回だけです。

レシピは「ハードル低く、伸びしろ広く！」

簡単と書いてあるレシピ本でも、実は知らない調味料や食材があるので、ぼくのような面倒くさがりには正直ハードルが高く感じます。ソロキャンだと荷物を減らしたいですし……。

だからぼくの料理の基本は、「既製品をただ焼くだけ」や、「家や近所のスーパーやコンビニにある食材で作れる」、と作るハードルが低いこと。スパイスや調味料も、市販のシーズニングやタレの恩恵にあやかってしまえばOK（マキシマムはまさにそれ！）。材料もプロセスも極力削ぎ落としているので、「あれを足したらもっとおいしくなりそう」「この食材に変えてもおいしいかも！」と、アレンジしやすい伸びしろの広さもポイントです。

そんなホットサンドメーカーのレシピと、ツイッターで数多く投稿しているフタつき鉄フライパンのレシピから、オススメのものをまとめたのが本書です。

書籍化するにあたり、いつもの雑なレシピが「おお……なんだかカッコイイぞ。酒のつまみで作っていたものが、こんなになっていいのか!?」と、ぼく自身も驚いています。

さらに！　あの「つくりおき食堂」の人気料理ブロガーである若菜まりえさんが、本書にレシピを提供してくださいました。なんと恐れ多い……（汗）。

手に入りやすい材料で、誰でも簡単に作れてアレンジが利く、ハードルの低いレシピ本です。家で、アウトドア（ソロキャンも）で、ぜひ作ってみてください！

ﾘﾛ氏

CONTENTS

PART 1

ソロキャンの必需品
ホットサンドメーカーの魅力

PART 2

最高にうまい！
絶望的に頭が悪い
HSMレシピ

ホットサンドメーカー

PART 3

若菜まりえさん考案！ HSM(ホットサンドメーカー)レシピ

PART 4

コレもあると便利！
フタ付き鉄フライパンレシピ

PART 1

ソロキャンの必需品

ホットサンドメーカーの魅力

ホットサンドメーカーとは？

ホットサンドメーカーは、食パンに好きな具材を挟んで焼く「ホットサンド」が作れる調理器具です。実際に、アウトドアやご家庭で使っている人も多いのではないでしょうか。

ホットサンドメーカーは大きく分けると、コンロ（直火）やIHで加熱するタイプと、ホットプレートのような家電タイプの2種類があります。本書で使用するのは、前者のタイプのホットサンドメーカーです。

ホットサンドメーカーの利点は、「両面から火にかけられる、小さなフタ付きフライパン」になること。そのため、単にホットサンドを作るだけではなく、さまざまな料理を簡単に作れる調理アイテムとして活用できます。コンパクトで持ち運びしやすいことから、家庭でもアウトドアでも活躍できるのもうれしいところです。

最近は、アウトドアメーカーのものや、オシャレなデザインのものも揃っているので、アウトドア・インドア問わず、注目のアイテムです。

ホットサンドメーカーで こんなものができちゃう！

ホットサンドメーカーは汎用性（はんようせい）が高く、なんでも作ることができます。メイン料理からおつまみ、スイーツまで幅広く作れます。

焼く

ホットサンドメーカーは、「両面焼きの小さなフライパン」みたいなもの。両面から火にかけられて、蒸し焼きにできます。そのうえ、フタを閉じたままひっくり返せるので、失敗しがちなお好み焼きなども、キレイに作れます。

揚げる

「あの薄さで揚げ物？」と思いますが、それができるんです！少し多めの油で「揚げ焼き」にすることで、カリッとジューシーな揚げ物が作れます。普通の揚げ物と比べて少ない油で作れるため、ヘルシーなうえに、あと片付けも簡単です。

圧縮

ホットサンドメーカーは、食材に圧をかけて調理もできます。「圧をかける」ことで食材のうま味がギュッと凝縮され、おいしさがさらにアップ。同じ食材やレシピでも、ホットサンドメーカーで作るほうがおいしくなりますよ。

ホットサンドメーカーはこんなに便利！

ホットサンドメーカーの便利さやメリットなどをお話しします。

本書ではなんと、僕のTwitterのフォロワーで、「つくりおき食堂」の人気料理ブロガーである若菜まりえさんにも、ホットサンドメーカーの料理を作ってもらいました！　僕はアウトドア（ソロキャン）目線、若菜さんは家庭料理目線での使い方やメリットを紹介します。

叩氏の ソロキャンめしはホットサンドメーカー1つで大丈夫！

1人分を作るのにちょうどいい

ホットサンドメーカーは、肉を焼くにもちょうど1人分作れるサイズ感。荷物もコンパクトにできるので、ソロキャンに便利なアイテムです。

調理器具にも食器にもなる便利さ

とんかつ（P.42参照）は、衣付けから揚げるまでをホットサンドメーカー上で行えます。また、食べるときもホットサンドメーカーを食器にすれば、洗いものが減らせます。

ひっくり返しの失敗がない

例えば、鮭をフライパンで焼くと、ひっくり返すときに崩れたり割れたりして、上手くできないことがあります。ホットサンドメーカーならそんな失敗もなく、フタを閉じたままひっくり返せるので、両面こんがりと焼くことができます。

焼き加減が確認しやすい

Twitterでも「何分くらい加熱するんですか？」という質問をもらいますが、ホットサンドメーカーの場合、気になったらその都度開いて焼き加減を確認できます。簡単にひっくり返せるので、両面とも焼き加減の確認ができ、均等に火を通せます。

ソロキャンめしのミニポイント

市販のシーズニングや既製品を活用するのが、ソロキャンめしのポイント。シングルバーナーとホットサンドメーカーだけ持って、道中のスーパーやコンビニで食材を買えば、手軽にソロキャンが楽しめますよ！

「つくりおき食堂」若菜まりえさんに伺いました！

簡単・楽しい・おいしい！
家庭料理のバリエーションが広がる

市販品を使って パパッと作れる！

「リロ氏」さんのレシピは、市販のシーズニングや冷凍食品などを上手に活用していることに感銘を受けました。また、麺を焼いて違う料理にしたり（まさかホットサンドメーカーで麺が焼けるとは！）、家庭料理でも応用できますね。

圧をかけるからこそ おいしくできる

ホットサンドメーカーは圧をかけて調理するので、肉汁やうま味をしっかり閉じ込めることができます。また、両面に美しい直火の焼き色がつくので、よりおいしそうな仕上がりに！　料理によっては、フライパンで作るよりおいしく仕上がります。

少ない油で 揚げ物が作れる

家で揚げ物を作ろうとすると、最低でも100mlほどの揚げ油を使います。ホットサンドメーカーで作る揚げ物は、大さじ1程度の油ですむためヘルシーなうえに、両面から火入れできて、カラッと揚がります。1人暮らしでも揚げ物を楽しめますね。

ホットサンドメーカーで作るときの注意点

厚みのあるものを焼くときは「側面」に注意！

厚みのある肉などを調理するとき、「表と裏は焼けているのに、側面が生っぽい」ということがあります。ホットサンドメーカーのフタを開けて食材を横倒しにするなど、全面にしっかり火が入るようにしましょう。

若菜まりえさんのホットサンドメーカーレシピもチェック！

以前から、「ホットサンドメーカー料理をやってみたかった」という若菜まりえさん。そこで今回、若菜まりえ流ホットサンドメーカーレシピを教えてもらいました。詳しくはP.95へ！

ホットサンドメーカーの種類

ひとくちにホットサンドメーカーといっても、焼き目や焼印がつけられるものとつかないもの、形やサイズ、厚み（深さ）など、その種類はさまざま。料理によって、選ぶホットサンドメーカーは変わってきます。ここでは、普段、ぼくが使っているオススメのホットサンドメーカーを紹介します。

＊本書ではここで紹介しているホットサンドメーカーを使用しています。　＊価格はすべて税込み。

＼ 川氏オススメ！ ／

【ホットサンドメーカーのオススメポイント】

1. コンロ（直火）で加熱するタイプ
2. 1つひとつ焼ける、仕切りのないシングルタイプ
3. 上下で分離できるセパレートタイプ

和平フレイズ　あつほかダイニング
ホットサンドパン AM-9867　￥3,300

- 食パンの耳を切り落とさずに入れられるサイズ感の、ベーシックなタイプ。仕切りのないシングルタイプなので、食材もたっぷり入ります。使い勝手がいいので、まずはこのタイプがあると便利です。
- IH 対応タイプもあり。
- “斜めのストライプ柄”という、シンプルな焼き目がつきます（IH 対応タイプは模様なし）。

圧着タイプ

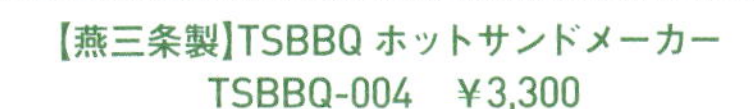

【燕三条製】TSBBQ ホットサンドメーカー TSBBQ-004 ¥3,300

- 食パンの耳部分をしっかり圧着してくれます。四辺が圧着されることで、中の具がはみ出しにくくなるのが最大の長所。耳の部分のサクッと感と、中央部のフワッと感の2種類の食感が楽しめます。
- IHは非対応。
- ロゴが両面に焼印できるので、仕上がりのアクセントになります。

厚いタイプ

ホットサンドメーカー スカイラインGT-R（BNR32） ¥5,500

- 日産自動車がかつて販売していた、スカイラインGT-Rのエンブレム（ほぼ実寸大）の焼き目がつけられます。通常のものより分厚めなので、中華まんやハンバーガー、スペアリブといった、やや厚みがある食材を焼くことができます。
- IHは非対応。
- 車好きにもオススメです。

ホットサンドメーカーの使い方・調理の工夫

ホットサンドメーカーで作る料理は、道具と食材さえあれば、いつでも誰でも簡単にできますが、上手においしく調理するために、ほんの少しだけコツがあります。基本的な使い方や調理のコツをおさえておきましょう。

圧をかけすぎないこと！

厚い食材を調理する場合、ホットサンドメーカーが最初は閉まらないことがあります。無理に閉じようとすると、破損したり、くっつきやムラ焼けの原因になったりします。次第に閉まるようになるので、慌てず待ちましょう。

動かして隅々まで火を通す！

ホットサンドメーカーは、どうしても火の入り具合にムラができてしまいます。全体にまんべんなく火が入るよう、動かしながら焼きましょう。とくに四隅は火が通りにくいので、意識しながら焼いてください。

最初は強火にしない

最初から強火で焼くと、外は焼けても中が生焼け状態になってしまいます。本書で火加減は記載していますが、初めから強くしないように。ちなみに、最後の仕上げに強火で焼くと、キレイな焼き色が付けられます。

厚みのある肉を焼くときは隙間から出る水分をチェック！

手羽元など厚い肉は、最初は隙間から水が出てきますが、焼けてくるとなくなってきます。ひっくり返したり倒したりを何回か繰り返していると、中が乾燥してダッチオーブンのようになり、肉の中まで火が通ります。

ひっくり返すときは「汁受け用の容器」の上で！

ホットサンドメーカーをひっくり返すとき、隙間から汁や油がこぼれます。なので、コンロの上で行うと大惨事に！　ひっくり返すときは、汁受け用の容器（耐熱性のあるもの）を用意し、その容器の上で行いましょう。

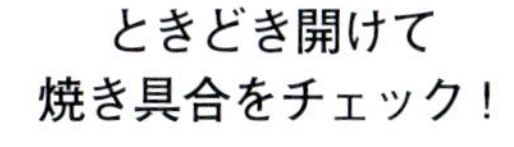

ときどき開けて焼き具合をチェック！

各レシピには加熱時間が記載されていますが、使っているコンロやバーナー、食材の温度などによって加熱時間は変わります。ときには、ホットサンドメーカーを開いて焼き具合をチェックし、加熱時間を調整してください。

お手入れすれば長持ち！

アルミ製のものは、基本的には食器用洗剤とスポンジで洗い、水気を拭き取ればOK。鉄製のものは、キレイに洗って余分な水を拭き取り、弱火にかけてしっかり水気を飛ばし、食用油を薄く塗って保管しましょう。

Warning!

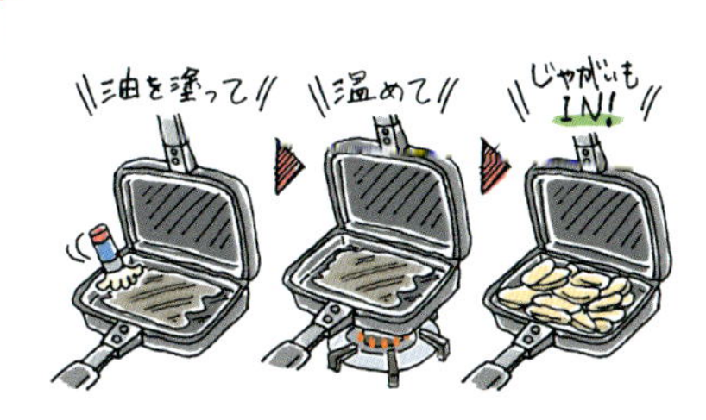

じゃがいも料理の調理について

今回紹介する料理の中でも、とくにじゃがいも料理はホットサンドメーカーにくっつきやすいです。そのため、先にホットサンドメーカーに油（サラダ油など）を塗り、しっかり温めてから調理するようにしてください。すると焦げ目もキレイに仕上がります。

レシピのルール

・本書のレシピは、# 新レシピを除いて Twitter アカウント「卯氏」で投稿されている動画をもとに作成しています。
・使用するホットサンドメーカーは、直接火にかけて調理するタイプのものを使用しています。
・本書のレシピは、「簡単・アレンジが効く・手に入りやすい材料で作る」ことをモットーとしているため、使用食材は既製品も登場します。
・本書の材料は、ホットサンドメーカー1回分（ほぼ1人分）の分量です。
・各レシピに記載してある火加減・加熱時間は目安です。ご使用の器具によって異なるので、様子を見ながら火加減を調整してください。
・ホットサンドメーカーに油を塗る場合、レシピ内にとくに指定がない場合は、両方の面に隙間なく塗ってください。
・野菜の皮などの下処理は、基本的に作り方から省いて記載しています。

中村食肉 魔法のスパイス マキシマム(140g) ￥682(税込)

卯氏のレシピで欠かせないのがコレ！　特製スパイス「マキシマム」。肉料理はもちろん、野菜や魚料理などなんにでも使える卯氏愛用の万能調味料です。これ1本あれば、ほかの調味料が必要ないほど。この調味料は、ネットショップや一部のスーパーなどで入手できます。レシピには分量を記載しているものもありますが、基本的にはお好みで加減してください。

マキシマムがない場合

マキシマムが手に入らないときは、下記の調味料で代用できます。料理に合わせて、適量を使用してください。

【材料（作りやすい分量）】
塩・こしょう…大さじ1、ガーリックパウダー…小さじ1、ナツメグ…小さじ1

調味料はできるだけ手抜き

ソロキャンで重要なのは、「荷物を増やさない」「手軽に作れる」の2点。そういった点で活躍するのが、市販のシーズニングや1人用の鍋ポーション、タレです。すでにいろんな調味料がブレンドされているため、かけるだけで味が決まります。また、いろいろな調味料を持たなくていいので重宝します。

冷凍食品が大活躍！

さらに手抜きするために便利なのが冷凍食品です。上記の調味料と同様に、すでに味が決まっているうえ、ひと工夫を加えるとよりおいしくなります。また、P.40で紹介するエビフライといった冷凍の揚げ物も、すでに衣付けされた状態で販売されており、これを活用すればアウトドアでもサクサクの揚げ物が楽しめます。

PART 2

最高にうまい！

絶望的に頭が悪い

ホットサンドメーカー

HSM レシピ

まさに「頭の悪い料理」の代表
危険なおいしさです

ベーコンのトロトロチーズ焼き

＃欲望に従った絶望的に頭の悪い料理をするだけの動画

材料（1回分）

- □ ベーコン……6枚
- □ ピザ用ミックスチーズ……60g
- □ とけるスライスチーズ……3枚
- □ ザラメ……小さじ2
- □ マキシマム……適量

＊ザラメがないときは砂糖でもOK。その場合の分量は大さじ1で。

作り方

1. ホットサンドメーカーにザラメの半量（小さじ1）を振る。
2. 1にベーコン3枚を並べ（はみ出した部分は内側に折る）、ピザ用チーズの半量をのせる。
3. 全体を覆（おお）うようにとけるスライスチーズ3枚をのせ、マキシマムを振り、残りのピザ用チーズをのせる。
4. 3の上にベーコン3枚を並べ（はみ出した部分は内側に折る）、残りのザラメを振る。
5. ホットサンドメーカーを閉じ、中火で2分30秒ほど焼く。
6. 裏返し、中火で2分ほど焼く。
7. ホットサンドメーカーの隙間から、チーズが出てくるくらいになったら火から下ろす。

ポイント

とけるスライスチーズだけで作ってもOK。また、ピザ用ミックスチーズを増やすとトロトロ感がアップ！

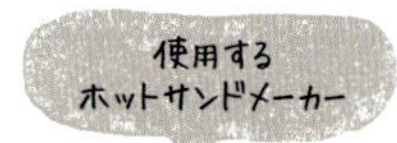

■ ベーシック
□ 圧着タイプ
□ 厚いタイプ

焼く前

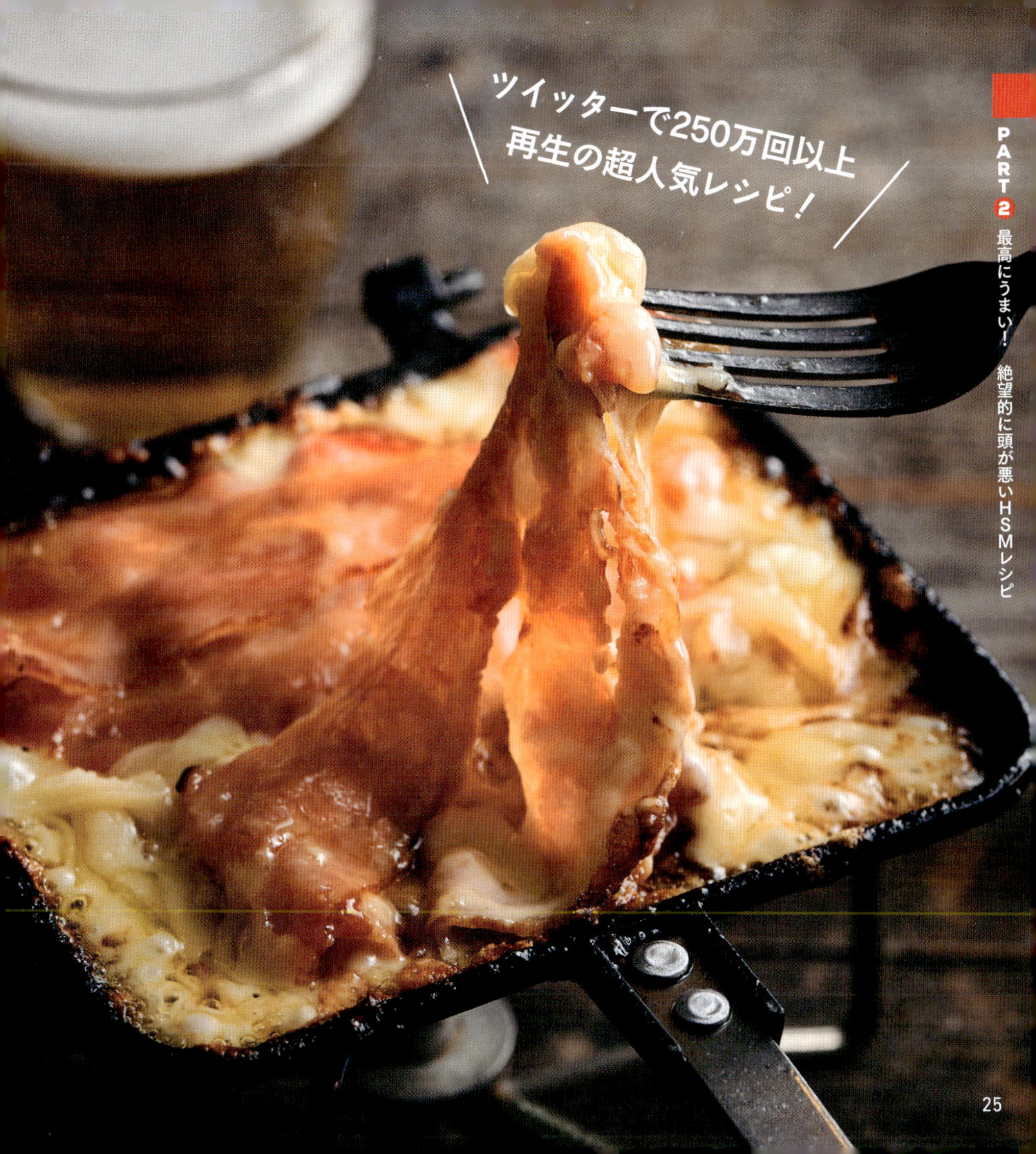
ツイッターで250万回以上
再生の超人気レシピ！

ly_rone's Recipe 02

プレスピザ

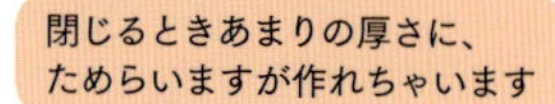

閉じるときあまりの厚さに、
ためらいますが作れちゃいます

＃四隅がプレスできるホットサンドメーカーに
チルドピザを無理やり詰めただけの動画

材料(1回分)

- □ チルドピザ(直径20cm)……1枚
- □ とけるスライスチーズ……3枚
- □ サラダ油……小さじ2
- □ ピザソース……大さじ3
- □ マキシマム……少々

作り方

1 ホットサンドメーカーにサラダ油を塗る。チルドピザは4等分にする。

2 1のうち3枚に、ピザソース大さじ1と、とけるスライスチーズを1枚ずつのせ、マキシマムを振る（ピザA）。残りの1枚は、そのままにしておく（ピザB）。

3 ホットサンドメーカーにピザAを積み、一番上に、ピザBを裏返してのせる。

4 ホットサンドメーカーを閉じ、中火で3分30秒ほど焼く。

5 裏返し、中火で3分ほど焼く。

6 焼き目がついたら取り出して、器に盛る。

焼く前

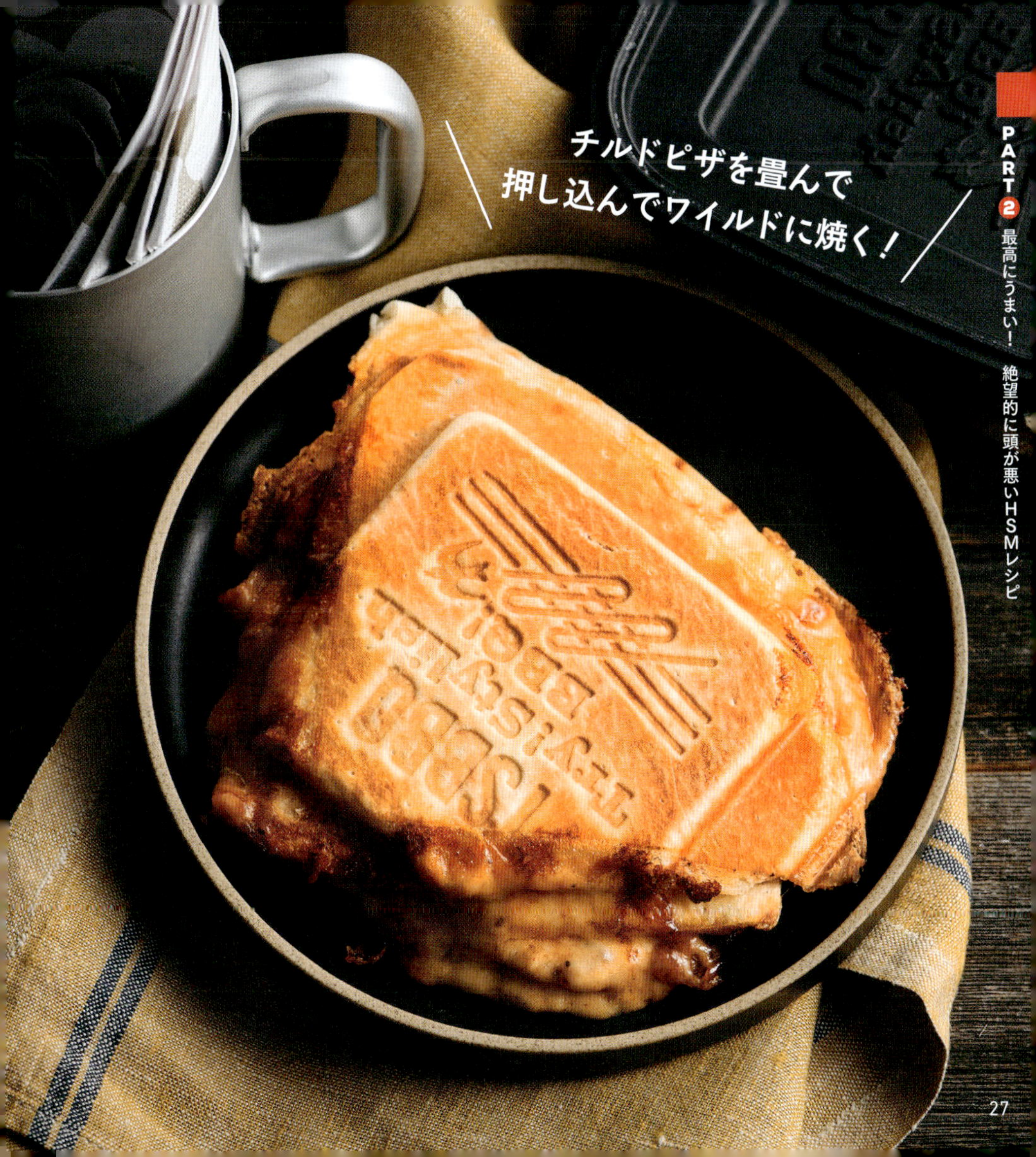

チルドピザを畳んで
押し込んでワイルドに焼く！

ポテトの重ね焼き

ピーラーだけで作れる
ズボラソロキャンめしです

ホットサンドメーカーでジャガイモをペラペラにして
チーズとピザソース混ぜて焼くだけの動画

材料(1回分)

- □ じゃがいも……中2個(180g)
- □ とけるスライスチーズ……1枚
- □ ソーセージ……3本
- □ サラダ油……小さじ1
- □ ピザソース……大さじ1
- □ マキシマム……適量

作り方

1 じゃがいもは皮をむき、ピーラーで薄切りにして、1/4ずつに分けておく。

2 ホットサンドメーカーにサラダ油を塗り、開いたまま火にかけてよく温める。

3 2を火から下ろし、じゃがいも（1/4量）→とけるスライスチーズ→じゃがいも（1/4量）→ピザソース→じゃがいも（1/4量）→ソーセージの順にのせる。マキシマムを振って、残りのじゃがいも（1/4量）をのせる。

4 ホットサンドメーカーを閉じ、中火で3分ほど焼く。

5 裏返し、中火で3分ほど焼く。

6 器に盛り、食べやすい大きさに切る。

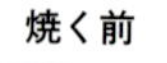

気づけば完食！
夢中になるうまさ！

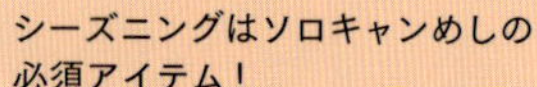

シーズニングはソロキャンめしの
必須アイテム！

じゃがいもとランチョンミートの挟み焼き

＃ホットサンドメーカーでジャガイモを焼くだけの動画

材料(1回分)

- □ じゃがいも……中2個(180g)
- □ ランチョンミート……50g
- □ とけるスライスチーズ……2枚
- □ オリーブオイル……小さじ2
- □ シーズニング(ジャーマンポテト用)……1/2袋
- □ ケチャップ……お好みで

作り方

1. じゃがいもは皮をむいて細切りにする。ランチョンミートも細切りにする。
2. ホットサンドメーカーにオリーブオイルを塗り、開いたまま火にかけてよく温める。
3. 2を火から下ろし、1のじゃがいもを1/3量敷き詰めて、ジャーマンポテトシーズニングを振り、その上にランチョンミートをのせる。
4. 3に、残ったじゃがいもの1/3量をのせ、とけるスライスチーズ、残りのじゃがいもの順にのせる。
5. ホットサンドメーカーを閉じ、中火で4分ほど焼く。
6. 裏返して、さらに中火で5分ほど焼く。
7. お好みでケチャップをつけて食べる。

焼く前

ポテトの焼き目の
カリッと食感が◎

じゃがバタチーズベーコン

このレシピは
人をダメにします

＃ホットサンドメーカーで椅子から転げ落ちるほど
頭の悪いジャガイモ料理を作るだけの動画

材料（1回分）

- □ 冷凍フライドポテト（皮付きタイプ）……200g
- □ とけるスライスチーズ……3枚
- □ ベーコン……2枚（40g）
- □ サラダ油……小さじ1
- □ バター……10g
- □ マキシマム……適量
- □ 粒マスタード、マヨネーズ、ケチャップ……お好みで

作り方

1 ホットサンドメーカーにサラダ油を塗り、開いたまま火にかけてよく温める。

2 1を火から下ろし、冷凍フライドポテト（半量）→とけるスライスチーズ→冷凍フライドポテト（半量）→バターの順にのせる。マキシマムを振って、ベーコンをのせる（はみ出した部分は内側に折る）。

3 ホットサンドメーカーを閉じ（この段階では完全に閉まらなくてOK）、上のフタを徐々に閉じながら、中火で3分ほど焼く。ホットサンドメーカーの口が閉じるようになったら、留め金をはめる。

4 裏返し、中火で3分ほど焼く。

5 お好みで粒マスタード、マヨネーズ、ケチャップをつけて食べる。

使用するホットサンドメーカー

■ ベーシック
□ 圧着タイプ
□ 厚いタイプ

焼く前

相性抜群な
食材を詰め込んだ
満足メニュー

じゃがバタ

めんどくさい人向け！
新スタイルのじゃがバタ

＃ホットサンドメーカーでジャガバター的なのを作るだけの動画

材料（1回分）

- □ じゃがいも……1個（100g）
- □ サラダ油……適量
- □ マキシマム……適量
- □ バター……10g

使用する
ホットサンドメーカー

■ ベーシック
□ 圧着タイプ
□ 厚いタイプ

作り方

1. じゃがいもは皮をむき、ピーラーで薄切りにする。
2. ホットサンドメーカーにサラダ油を塗り、開いたまま火にかけてよく温める。
3. 2を火から下ろし、1の半量を敷き詰めてマキシマムを振る。その上に、残りのじゃがいもをのせてマキシマムを振る。
4. ホットサンドメーカーを閉じ、中火で2分ほど焼く。
5. 裏返し、中火で2分ほど焼く。
6. 火から下ろし、熱いうちにバターをのせてとかして食べる。

焼く前

パリッと感と
ホックリ感が
両方楽しめる！

豚まんの
新たな1ページ

豚まん焼き

＃ホットサンドメーカーで
豚まんを潰すだけの動画

材料（1回分）

- □ チルド肉まん……1個
- □ 固形バター……10g
- □ しょうゆ、からし……お好みで

作り方

1. ホットサンドメーカーにバターを塗る。
2. **1**の中央にチルド肉まんをのせて閉じ、中火で1分ほど焼く。
3. 裏返し、中火で30秒ほど焼く。
4. 焼き目がついたら取り出して器に盛る。お好みでしょうゆやからしをつけて食べる。

焼く前

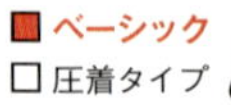

- ■ ベーシック
- □ 圧着タイプ
- □ 厚いタイプ

某教師マンガと
呼びたくなるレシピ名

GTバーガー
(グレートてりやきバーガー)

＃ホットサンドメーカーでテリヤキ
バーガーを挟むだけの動画

材料(1回分)

- □ てりやきバーガー(市販)……1個
- □ バター……10g

作り方

1. ホットサンドメーカーにバターを塗る。
2. 1に、てりやきバーガーをのせて閉じ、中火で1分30秒ほど焼く。
3. 裏返し、中火で1分30秒ほど焼き、焼き目がついたら火から下ろす。

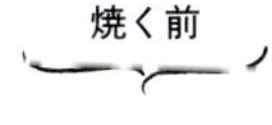

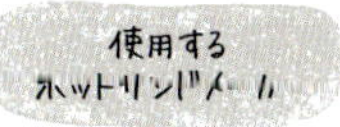

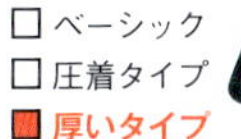

最初はこんなキレイに
焼けると思わなかったなぁ

超絶・簡単！ 焼き餃子

＃冷凍餃子をぶっ潰して
焼くだけの動画

材料(1回分)

- □ 冷凍餃子……12個
- □ サラダ油……小さじ1/2

作り方

1. ホットサンドメーカーにサラダ油を塗る。
2. 1に、冷凍餃子を並べる（右写真のように積み重ねてOK）。
3. ホットサンドメーカーを閉じ、中火で5分ほど焼く。裏返し、中火で1分ほど焼く。
4. 焼き目がついたら、餃子の付属のタレで食べる。

焼く前

使用する
ホットサンドメーカー

- ■ ベーシック
- □ 圧着タイプ
- □ 厚いタイプ

アレンジ

冷凍シュウマイを使って「焼きシュウマイ」にしてもおいしい！

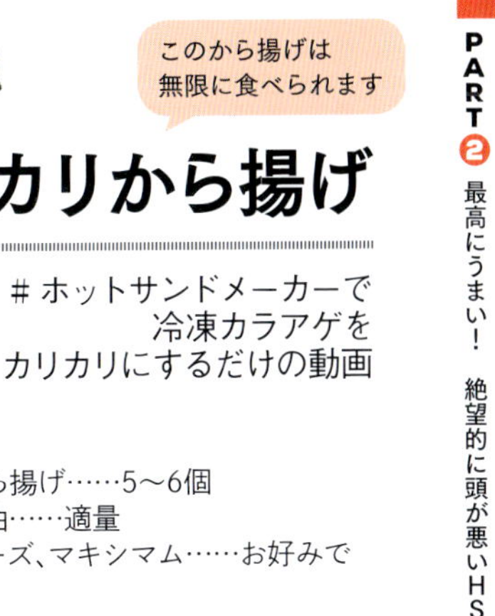

このから揚げは
無限に食べられます

カリカリから揚げ

＃ホットサンドメーカーで
冷凍カラアゲを
カリカリにするだけの動画

材料（1回分）

- □ 冷凍から揚げ……5〜6個
- □ サラダ油……適量
- □ マヨネーズ、マキシマム……お好みで

作り方

1. ホットサンドメーカーに冷凍から揚げを並べ、サラダ油を回しかける。
2. ホットサンドメーカーを閉じ、中火で2分ほど焼く（最初は完全に閉まらなくてもOK。1分半程度で閉まるようになる）。
3. 裏返し（隙間から油が出るので注意）、さらに中火で2分ほど、カリカリになるまで焼く。
4. お好みでマヨネーズ、マキシマムをつけて食べる。

使用する
ホットサンドメーカー

- ■ ベーシック
- □ 圧着タイプ
- □ 厚いタイプ

ホットスナック感覚でどうぞ！

串揚げ風エビフライ

＃新レシピ

材料（1回分）

- □ 冷凍エビフライ……5個
- □ サラダ油……大さじ4
- □ ソースまたはタルタルソース……適量

作り方

1. エビフライに竹串を刺す。
2. ホットサンドメーカーに1を並べ、サラダ油を回しかける。
3. ホットサンドメーカーを閉じ、中火で7分ほど焼く。
4. 裏返し、中火で7分ほど焼く。
5. ソースまたはタルタルソースをつけて食べる。

ポイント

串が焦げやすいので、焦がしたくない場合はアルミホイルを巻いてください（写真右）。

焼く前

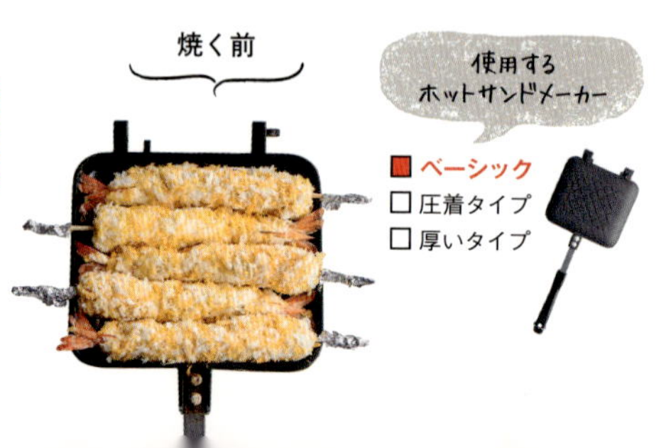

使用するホットサンドメーカー

- ■ ベーシック
- □ 圧着タイプ
- □ 厚いタイプ

少ない油で作れます

焼きカキフライ

ホットサンドメーカーで冷凍カキフライを焼くだけの動画

材料(1回分)

- □ 冷凍カキフライ……1袋(8個)
- □ サラダ油……大さじ4
- □ タルタルソース……適量

作り方

1. ホットサンドメーカーに冷凍カキフライを並べ、サラダ油の半量を回しかける。
2. ホットサンドメーカーを閉じ、弱火で8分ほど焼く。
3. 裏返し、ホットサンドメーカーを開いて、残りのサラダ油を回しかける。
4. ホットサンドメーカーを閉じ、弱火で5分ほど焼く。
5. タルタルソースを添えて食べる。

使用するホットサンドメーカー

- ■ ベーシック
- □ 圧着タイプ
- □ 厚いタイプ

揚げないからヘルシー！
ごま油の香りも◎

これならアウトドアでもサクサク
とんかつが食べれます！

とんかつ

\# ホットサンドメーカーでテキトーに豚肉を焼くだけの動画

材料（1回分）

- □ 豚肉（とんかつ用）……1枚
- □ 卵……1個
- □ マキシマム……適量
- □ 小麦粉……適量
- □ パン粉……10g
- □ ごま油……大さじ3
- □ とんかつソース……適量

使用する
ホットサンドメーカー

作り方

1. ボウルに卵を割り入れてほぐす。
2. 豚肉にマキシマムを振り、小麦粉をまぶす。
3. 1に2を入れて全体に絡める。
4. 3にパン粉をまぶし、ごま油を全体に回しかける。
5. ホットサンドメーカーに4をのせて閉じ、中火で2分45秒ほど焼く。
6. 裏返し、中火で4分ほど焼く。
7. 食べやすい大きさに切り、とんかつソースをかける。

ポイント

ホットサンドメーカー上で衣付けしても作れます。荒々しい仕上がりになります。

外はサクッ、
中は柔らか

イカリングフライ

冷凍ならいろいろな食材を
用意しなくていいから
とっても便利！

＃新レシピ

材料（1回分）

- □ 冷凍イカリングフライ……120g
- □ サラダ油……大さじ4
- □ ソースまたはタルタルソース……適量

作り方

1. ホットサンドメーカーに、なるべく重ならないように冷凍イカフライを並べ、サラダ油を回しかける。
2. ホットサンドメーカーを閉じ、中火で4分ほど焼く。
3. 裏返し、中火で4分ほど焼く。
4. 器に盛り、ソースまたはタルタルソースをつけて食べる。

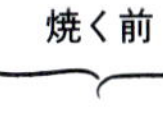

片付けが面倒な天ぷらも
スマートに作れる！

ごぼうのかき揚げ

この方法ならバラけずに作れます！

＃新レシピ

材料（1回分）

□ ごぼう（カット・アク抜き済）……80g
□ A天ぷら粉……50g
　水……80ml
□ サラダ油（塗り用）……適量
□ サラダ油（かけ用）……大さじ4
□ 大根おろし、しょうゆ、七味唐辛子……お好みで

作り方

1. ボウルにAの材料をすべて入れてさっくりと混ぜ、ごぼうを加えて混ぜる。
2. ホットサンドメーカーにサラダ油を塗り、なるべく平らになるように1を入れて、サラダ油を回しかける。
3. ホットサンドメーカーを閉じ、中火で4分ほど焼く。
4. 裏返し、中火で4分ほど焼く。
5. 食べやすい大きさに切って、お好みで大根おろし、しょうゆ、七味唐辛子をつけて食べる。

ポイント

カリカリにしたい場合は、材料を少なめにし、生地を薄くして焼いてください。

磯の香りと
セミドライソーセージが
好相性！

磯辺揚げにジャンキーさを
加えてみました

ちくわとカルパスの磯辺揚げ

#新レシピ

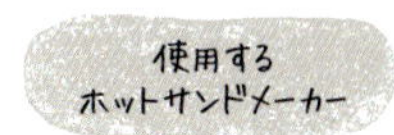

■ ベーシック
□ 圧着タイプ
□ 厚いタイプ

材料(1回分)

- □ ちくわ……4本(120g)
- □ カルパス……12本(36g)
- □ **A**卵……1個
  - 小麦粉……50g
  - 水……50ml
  - 青のり……大さじ2
  - マキシマム……少々
- □ サラダ油……大さじ1
- □ しょうゆ……お好みで

作り方

1. ちくわは3等分に切って、穴にカルパスを詰める。このとき、カルパスはちくわから少しはみ出すくらいの長さに切る。
2. ボウルに**A**の材料をすべて入れてさっくりと混ぜ、1をくぐらせる。
3. ホットサンドメーカーにサラダ油少々を塗り、2を並べ、残りのサラダ油を回しかける。
4. ホットサンドメーカーを閉じ、中火で1分30秒ほど焼く。
5. 裏返して、さらに中火で1分ほど焼く。
6. 器に盛り、お好みでしょうゆをつけて食べる。

中華の定番
揚げ物もお手の物！

合びき肉の春巻き

つい肉肉しい具にしちゃいます(笑)

＃新レシピ

材料(1回分)

- □ 細切りたけのこ(水煮)……100g
- □ 合びき肉……200g
- □ 片栗粉……大さじ1
- □ マキシマム……適量
- □ 春巻きの皮……4枚
- □ ごま油……大さじ1
- □ 水(皮留め用)……少々

作り方

1. 細切りたけのこはざるにあげ、水気を切っておく。
2. ボウルに合びき肉と片栗粉を入れ、マキシマムを振ってよく混ぜる。
3. 春巻きの皮に1と2を1/4量ずつのせて巻く。皮の巻き終わりは水を塗って留める。同様にあと3本作る。
4. ホットサンドメーカーにごま油を塗り、3を並べる。
5. ホットサンドメーカーを閉じ、中弱火で10分ほど焼く。
6. 裏返し、中火で4分ほど焼く。
7. 食べやすい大きさに切り、器に盛る。

焼く前

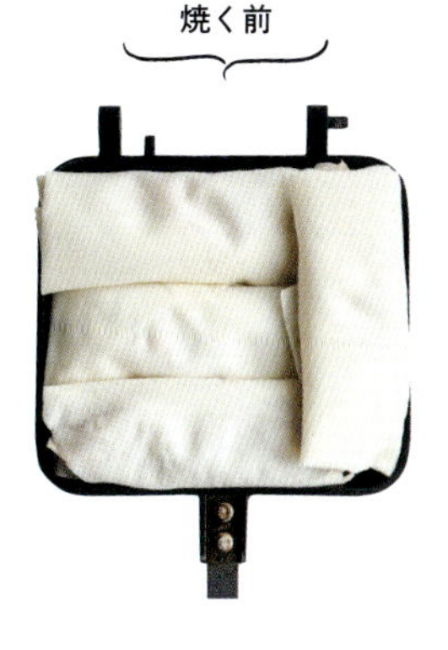

鍋ポーションを
活用して
チャチャっと作れる！

駄菓子屋で食べた
味付きイカのするめを
大人味に進化！

大人の駄菓子イカゲソ

#1分でイカゲソを焼いて流し込むだけの動画

材料（1回分）

- □ イカゲソ……100g
- □ 片栗粉……適量
- □ 1人用鍋ポーション（キムチ）……1個
- □ ごま油……小さじ2

作り方

1. ボウルにイカゲソを入れ、片栗粉をまぶして軽く混ぜ、1人用鍋ポーションを加えてよく混ぜる。
2. ホットサンドメーカーにごま油を塗り、1を入れる。
3. ホットサンドメーカーを閉じ、中弱火で2分ほど焼く。
4. 裏返し、弱中火で1分30 秒ほど焼く。

ポイント

イカのつまみの定番、イカゲソ（するめとか）のイメージで作りました。
イカの胴を使ってもおいしくできますよ！

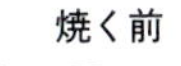

和食っぽいものも
作れちゃう！

魚のカマのてりやき

その日売っている
魚のカマで作れます！

＃新レシピ

材料（1回分）

- □ 魚のカマ……300g
  ※写真はブリカマ
- □ 薄力粉……小さじ2
- □ ごま油……小さじ2
- □ てりやきのタレ（市販）……大さじ3〜4

作り方

1. 魚のカマ全体に、薄力粉を薄くまぶす。
2. ホットサンドメーカーにごま油を塗る。
3. 2に、1を置いてホットサンドメーカーを閉じ、片面4分30秒、裏返して3分ほど中火で焼く。
4. ホットサンドメーカーを開き、てりやきのタレをかける。
5. ホットサンドメーカーを閉じて再び火にかけ、中火で2分30秒ほど焼く。
6. 裏返し（隙間から煮汁が出るので注意）、中火で1分30秒ほど焼く。
7. 数回裏返しながらタレがなくなるまで焼き、器に盛る。

使用する
ホットサンドメーカー

焼く前

ワインが似合いそうな
オシャレなひと品も！

カレイのムニエル

レモンがなくても
おいしいです！

＃ホットサンドメーカーでカレイのムニエル焼いて
ハイボールをキメるだけの動画

材料（1回分）

- □ カレイの切り身……2切れ（200g）
- □ シーズニング（ムニエル用）……6g
- □ オリーブオイル……小さじ1
- □ バター……10g
- □ レモン……お好みで

使用する
ホットサンドメーカー

- ■ ベーシック
- □ 圧着タイプ
- □ 厚いタイプ

作り方

1. カレイの切り身にムニエルのシーズニングを振る。
2. ホットサンドメーカーにオリーブオイルをひき、1を並べ、バターをのせる。
3. ホットサンドメーカーを閉じ、中火で5分ほど焼く。
4. 裏返して、さらに中火で3分ほど焼く。
5. 魚に火が通ったら、器に盛り、レモンを添える。

焼く前

パサつかず、
ふっくら仕上がります

ささみのチーズ焼きピカタ

＃新レシピ

材料（1回分）

- □ 鶏ささみ肉（筋取り済）……4枚（250g）
- □ とけるスライスチーズ……1枚
- □ 卵……1個
- □ 小麦粉……大さじ1
- □ サラダ油……小さじ2
- □ ソース、ケチャップ……お好みで

作り方

1. ボウルに卵と小麦粉を入れてよく混ぜておく。
2. 鶏ささみ肉は真ん中に切れ目を入れ、縦4等分にしたとけるスライスチーズを挟む。
3. ホットサンドメーカーにサラダ油を塗り、1にくぐらせた2を並べる。
4. ホットサンドメーカーを閉じ、中火で2分30秒ほど焼く。
5. 裏返し、中火で2分、そのあと弱火で1分ほど焼く。
6. ソースかケチャップで食べる。

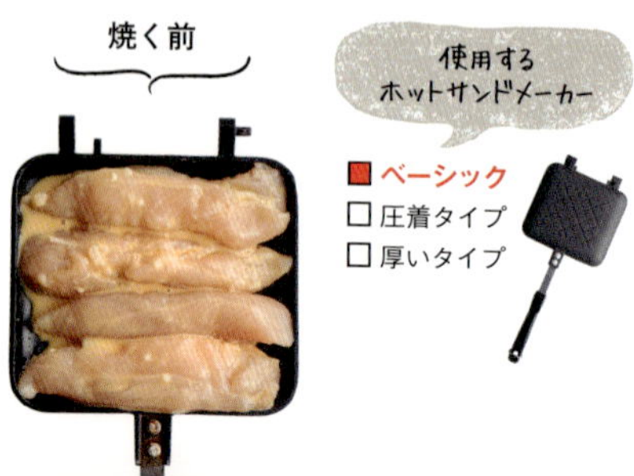

洋食メニューも
お手のもの！

豚肉のピカタ

＃ピカタかカツレツか
よくわからんやつとか！

材料(1回分)

- □ 豚肉(とんかつ用)……1枚
- □ マキシマム……適量
- □ 小麦粉……適量
- □ 卵……1個
- □ オリーブオイル……小さじ2
- □ ケチャップ……適量

作り方

1. 豚肉の両面にマキシマムを振って、小麦粉をまぶす。
2. 卵を割りほぐし、1にかけて絡める。
3. ホットサンドメーカーにオリーブオイルをひく。
4. ホットサンドメーカーに2をのせて閉じ、中火で3分ほど焼く。
5. 裏返し、中火で2分ほど焼く。
6. 食べやすい大きさに切り、お好みでケチャップをかける。

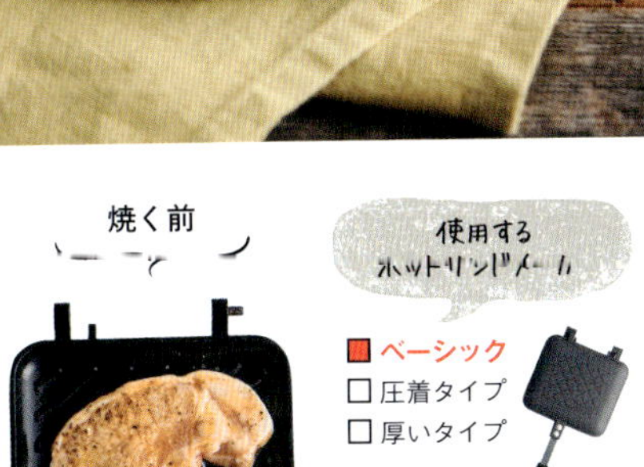

シーズニングで
お手軽タンドリー
チキン

時短（じたん）ドリーチキン

揉んで焼くだけなので、
ソロキャンにもオススメ

ホットサンドメーカーで手羽元タンドリーチキンを焼くだけの動画

材料（1回分）

- □ 手羽元……6〜7本(400g)
- □ シーズニング(タンドリーチキン用)……8g
- □ サラダ油……小さじ2

作り方

1. ポリ袋に、手羽元とタンドリーシーズニングを入れてよく揉む。
2. ホットサンドメーカーにサラダ油を塗り、1を並べる。
3. ホットサンドメーカーを閉じて、中火で5分ほど焼き、隙間から余分な油を捨てる。
4. 裏返し、中火で5分ほど焼く。

焼く前

こぼれるチーズが
食欲をそそる

お弁当の定番は
おつまみにも最適！

ウインナーのベーコンチーズ巻き

＃新レシピ

材料（1回分）

- □ ウインナー……6本
- □ スライスチーズ……3枚
- □ ハーフベーコン……6枚
- □ サラダ油……小さじ1
- □ マキシマム……適量

作り方

1 スライスチーズを半分に切る。

2 ウインナーを1のスライスチーズで巻く。さらにベーコンで巻き、爪楊枝（つまようじ）で留める。

3 ホットサンドメーカーにサラダ油をひいて、30秒ほど温め、2を並べてマキシマムを振る。

4 ホットサンドメーカーを閉じ、中火で1分30秒ほど焼く。

5 裏返し、中火で1分ほど焼く。

焼く前

ジューシー豚トロと
シャキシャキピーマン
に手が止まらない！

豚トロピーマン

ハイボールが
飲みたくなるつまみです

飛び散るアブラ被害を最小限に豚トロを焼いて角ハイをキメるだけの動画

材料（1回分）

- □ 豚トロ肉（焼肉用）……120g
- □ ピーマン……4～5個
- □ サラダ油……小さじ1
- □ マキシマム……少々

使用する
ホットサンドメーカー

- ■ ベーシック
- □ 圧着タイプ
- □ 厚いタイプ

作り方

1. 豚トロ肉は食べやすい大きさに切る。ピーマンはヘタと種を取り除いて、縦半分に切る。
2. ホットサンドメーカーにサラダ油を塗り、1の豚トロ肉をなるべく重ならないように敷き詰め、マキシマムを振る。
3. ホットサンドメーカーを閉じ、中火で2分30秒ほど焼く。
4. 裏返し、中火で2分ほど焼く。
5. 肉に火が通ったら、ピーマンにのせて食べる。

焼く前

すくって・詰めて・
豪快に食べよう！

大人がみんな
好きなやつです

シャキシャキ肉ピー

＃ホットサンドメーカーでいろいろ混ぜた牛肉ミンチを焼くだけの動画

材料(1回分)

- □ ピーマン……5個
- □ 玉ねぎ……1/2個(80g)
- □ 豚ひき肉……160g
- □ 卵……1個
- □ パン粉……12g
- □ マキシマム……適量
- □ ごま油……小さじ2

作り方

1. ピーマンはヘタと種を取り除いて縦半分に切る。玉ねぎはみじん切りにする。
2. ボウルに豚ひき肉、玉ねぎ、卵、パン粉を入れ、マキシマムを振ってよく混ぜる。
3. ホットサンドメーカーにごま油を塗り、**2**を詰め込んで、表面をスプーンの背などで軽く叩いて空気を抜く。
4. ホットサンドメーカーを閉じ、中火で2分30秒ほど焼く。
5. 裏返し、中火で4分ほど焼く。
6. 食べやすい大きさに取り、ピーマンに詰めて食べる。

食べすぎ、
飲みすぎに注意!!

鶏皮せんべい

ホットサンドメーカーで
激安鶏皮をカリカリの
煎餅みたいにするだけの動画

材料（1回分）

□ 鶏皮……150g
□ 塩……少々

作り方

1 鶏皮は食べやすい大きさに切る。

2 ホットサンドメーカーに、鶏皮を敷き詰める。

3 ホットサンドメーカーを閉じ、中火で3分30秒ほど焼き、隙間から余分な油を捨てる。

4 裏返し、中火で3分ほど焼き、隙間から余分な油を捨てる。

5 鶏皮がカリカリになったら火から下ろし、塩を振る。

骨付きの肉も
しっかり焼けます

シンプル 手羽先焼き

狩猟で何も獲れなかった腹いせに
手羽先をホットサンドメーカーで
焼くだけの動画

材料(1回分)

- □ 手羽先……6本
- □ マキシマム……適量
- □ サラダ油……小さじ2

作り方

1. 手羽先にマキシマムをかけ、少しおく。
2. ホットサンドメーカーにサラダ油を塗り、1を入れる。
3. ホットサンドメーカーを閉じ、中火で6分ほど焼く。
4. 裏返し、中火で5分ほど焼く。

油が飛びやすい
ホルモンも大丈夫！

焼くだけ シマチョウ

＃ホットサンドメーカーでシマチョウを焼きすぎてしまうだけの動画

材料（1回分）

- □ シマチョウ……200g
- □ マキシマム……適量

作り方

1. ホットサンドメーカーにシマチョウを入れて閉じ、中火で3分ほど焼く。
2. 閉じた状態で、隙間から余分な油を捨てる。
3. 裏返し、中火で3分ほど焼き、隙間から余分な油を捨てる。
4. 肉に火が通ったら、マキシマムを振る。

焼く前

使用する
ホットサンドメーカー

■ ベーシック
□ 圧着タイプ
□ 厚いタイプ

クルクルの手間なし！
自分で串を刺すのも
楽しいですよ

焼くだけ焼き鳥

＃合法スパイスでキマった焼き鳥を
焼酎ハイボールで流すだけの動画

材料(1回分)

- □ 好みの焼き鳥串(生)……6本
- □ マキシマム……適量

作り方

1. ホットサンドメーカーに焼き鳥を串のまま並べ、マキシマムを振る。
2. ホットサンドメーカーを閉じ、中火で4分ほど焼く。
3. 裏返し、中火で3分ほど焼く。

＊肉の種類によって焼き時間は異なるため、上記は目安です。

使用する
ホットサンドメーカー

- ■ ベーシック
- □ 圧着タイプ
- □ 厚いタイプ

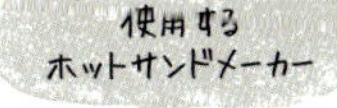

ポイント

串はホットサンドメーカーから飛び出してOK。
串が焦げやすいので、焦がしたくない場合はアルミホイルを巻いてください（写真左）。

テクニックは必要ナシ！
簡単にだし巻き卵が
作れる！

巻かないだし巻き玉子

お酒に合う
味付けです

#味が濃いめの卵焼きを作るだけの動画

材料（1回分）

- □ 卵……2個
- □ 白だし……小さじ1/2
- □ しょうゆ……小さじ1/2
- □ 酒……小さじ1/2
- □ サラダ油……小さじ2

作り方

1. ボウルに卵、白だし、しょうゆ、酒を入れてよく混ぜる。
2. ホットサンドメーカーにサラダ油を塗り、開いたまま火にかける。
3. ホットサンドメーカーが温まったら、1の半量を入れ、箸（はし）で軽く混ぜながら焼く。
4. 半熟になったら、残りの1を入れ、均等に行き渡るようにホットサンドメーカーを動かす。
5. ホットサンドメーカーを閉じ、中弱火で1分30秒～2分焼く。このとき、卵液があふれそうなら隙間から余分な水分を捨てる。
6. 裏返し、中火で1分ほど焼く。
7. 食べやすい大きさに切る。

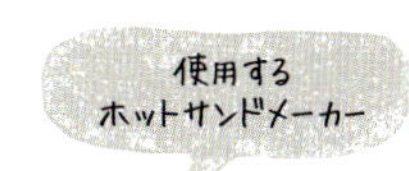

朝食やちょっと小腹が
空いたときにピッタリ！

ソーセージに沿って
縦に切り、串に刺してもgood！

アメリカンドッグ

＃新レシピ

材料(1回分)

- □ 魚肉ソーセージ……2本
- □ ホットケーキミックス……70g
- □ 卵……1個
- □ 牛乳……60ml
- □ サラダ油……適量
- □ ケチャップ、マスタード……お好みで

作り方

1. 魚肉ソーセージは2等分にする。
2. ボウルにホットケーキミックスと卵、牛乳を入れて混ぜる。このとき、牛乳はパッケージの表示よりも少なめにし、固めの生地にする。
3. ホットサンドメーカーにサラダ油を塗り、2の半量を隅々まで入れる。
4. 3に魚肉ソーセージを並べ、上から残りの2をかける。
5. ホットサンドメーカーを閉じ、中火で2分ほど焼く。
6. 裏返して、さらに中火で2分、そのあと弱火で1分ほど焼く。
7. きつね色に焼けたら、お好みでケチャップやマスタードをつけて食べる。

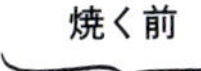

アレンジ

とけるチーズやマヨネーズをかけて食べてもおいしい！

ボリューム感があるから
これだけでおなかも満足！

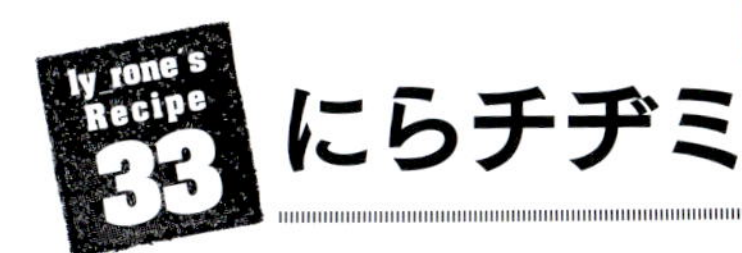

にらチヂミ

想像以上にふっくら仕上がります

ホットサンドメーカーで豚肉とニオイが強い草をぐちゃぐちゃにして焼くだけの動画

材料（1回分）

- □ **A** にら……1/2束（50g）
  豚こま肉……100g
  白菜キムチ……30g
  卵……1個
  チヂミの粉……50g
- □ 水……1/2カップ（100ml）
- □ サラダ油……適量
- □ チヂミたれ（市販）……適量

作り方

1. にらは3cmくらいの長さに切る。豚こま肉と白菜キムチは、食べやすい大きさに切る。
2. ボウルに**A**の材料を入れてさっくりと混ぜ、水を加えてさらに混ぜる。
3. ホットサンドメーカーにサラダ油を塗り、**2**を隅々まで入れる。
4. ホットサンドメーカーを閉じ、中火で3分30秒ほど焼く。
5. 裏返し、中火で3分ほど焼く。
6. 食べやすい大きさに切り、チヂミたれをつけて食べる。

ピザもスパゲティも
食べたいならコレ！

スパピザ

スパゲティって
焼いたらうまいんです

ホットサンドメーカーでスパゲティを焼くだけの動画

材料(1回分)

- □ ピーマン……小1個(15g)
- □ ランチョンミート……30g
- □ 早ゆでサラダスパゲティ(乾麺)……50g
- □ とけるスライスチーズ……2枚
- □ オリーブオイル……小さじ1
- □ 水……70ml
- □ ピザソース……大さじ2
- □ マキシマム……適量

使用する
ホットサンドメーカー

作り方

1. ピーマンはヘタと種を取り除いて輪切りにする。ランチョンミートは食べやすい大きさに切る。
2. ホットサンドメーカーにオリーブオイルを塗り、スパゲティをなるべく平らに入れ、水を回しかける。
3. とけるスライスチーズをのせてピザソースを塗る。
4. 1をのせ、マキシマムを振る。
5. ホットサンドメーカーを閉じ、中火で12分ほど焼く。

焼く前

ボリューム満点の
粉もの料理！

ちょうど1人分が
焼けちゃいます

お好み焼き

#新レシピ

材料（1回分）

- □ 千切りキャベツ……100g
- □ **A**お好み焼きの粉……100g
  水……150ml
  卵……1個
- □ サラダ油……小さじ2
- □ ソース、マヨネーズ、青のり、かつお節……適量

作り方

1. ボウルに**A**の材料を入れて混ぜる。
2. ホットサンドメーカーにサラダ油をしっかり塗り、1の半量を隅々まで流し入れる。
3. 2に千切りキャベツをのせ、1の残りをあふれない程度にかける。
4. ホットサンドメーカーを閉じ、中火で6分ほど焼く。
5. 裏返し、中火で5分ほど焼く。
6. ソース、マヨネーズ、青のり、かつお節をかける。

焼く前

麺の中にあんをIN！
ホットサンドメーカー
ならではのスタイル

あんかけ焼きそば

あんかけ焼きそばを
ズボラに作るとこうなります

チルド焼きそばが焦げてるだけの動画

材料(1回分)

- □ 焼きそば用の麺(蒸し)……1玉(150g)
- □ 中華丼の素(レトルト)……1袋(210g)
- □ ごま油……大さじ2

作り方

1. 焼きそば用の麺は容器に入れて軽くほぐし、ごま油の半量（大さじ1）を加えて和える。
2. ホットサンドメーカーに残りのごま油を塗り、焼きそば用の麺の半量をなるべく平らに入れる。
3. 2に中華丼の素をかけ、さらに残った焼きそば用の麺を上にのせる。
4. ホットサンドメーカーを閉じ、強火で4分ほど焼く。
5. 裏返し、強火で2分ほど焼く。

焼く前

ひっくり返しの
失敗もなし！

缶詰のランチョンミートは持ち運べるし、使いやすいのでソロキャンにもオススメ

ランチョンミートのモダン焼き

カンヅメの豚肉とキャベツとかをホットサンドメーカーで焼くだけの動画

材料（1回分）

- □ **A** ランチョンミート……70g
  - 中華麺（チルドまたは蒸し）……100g
  - 千切りキャベツ……100g
  - お好み焼きの粉……70g
  - 卵……1個
  - 水……1/2カップ（100ml）
- □ サラダ油……適量
- □ ソース、青のり、かつお節、マヨネーズ、マキシマム……お好みで

作り方

1. ランチョンミートは細切りにする。
2. ボウルに**A**の材料をすべて入れてよく混ぜる。
3. ホットサンドメーカーにサラダ油を塗り、なるべく平らになるように2を入れる。
4. ホットサンドメーカーを閉じ、弱中火で3分ほど焼く。
5. 裏返して、さらに弱中火で2分ほど焼く。
6. お好みでソース、青のり、かつお節、マヨネーズ、マキシマムをかけて食べる。

焼く前

見た目は
超ダイナミック！
でも味は正統派

ly_rone's Recipe 38

足まるごとタコ焼き

タコは切らずにまるごと使います

＃ホットサンドメーカーで関西方面にありそうなイメージでタコを焼くだけの動画

材料（1回分）

- □ **A** タコ焼き用の粉……60g
  千切りキャベツ……50g
  天かす……10g
  水……70ml
  卵……2個
- □ ゆでダコ……足1〜2本分（100g）
- □ サラダ油……適量
- □ ソース、青のり、かつお節……適量

作り方

1. ボウルに**A**の材料を入れて混ぜる。
2. ホットサンドメーカーにサラダ油を塗り、2/3ぐらいの深さまで1を入れる。
3. 2にゆでダコをのせ、タコが軽く隠れるように1をかける。
4. ホットサンドメーカーを閉じ、中火で3分30秒ほど焼く。
5. 裏返して、さらに中火で3分ほど焼く。
6. ソース、青のり、かつお節をかけ、食べやすい大きさに切る。

焼きカレーの香ばしさが
食欲をそそる！

焼きカレーうどん

カレー缶で作るので、
好きな味でトライしてみて！

＃新レシピ

材料（1回分）

- □ うどん（チルド）……1玉
- □ カレーの缶詰（バターチキンカレー）……1缶
- □ サラダ油……適量

作り方

1. うどんはざるにあげ、流水にさらしてほぐし、水気を切る。
2. ホットサンドメーカーにサラダ油をひき、うどんの半量をなるべく平らに入れる。
3. 2にカレーをのせ、その上に残ったうどんをのせる。
4. ホットサンドメーカーを閉じ、中火で3分ほど焼く。
5. 裏返し、中火で2分ほど焼く。

焼く前

ボリューム満点の
男子ごはん

コンビニにあるものだけで作れます

ホルモンおこげチャーハン

＃セブンイレブンを挟み焼きするだけの動画

材料(1回分)

- □ コンビニの冷凍チャーハン……170g
- □ コンビニの冷凍味付きホルモン……100g
- □ 温泉たまご(市販)……1個
- □ ごま油……小さじ1

使用するホットサンドメーカー

- ■ ベーシック
- □ 圧着タイプ
- □ 厚いタイプ

作り方

1 ホットサンドメーカーにごま油を塗り、なるべく平らになるよう、冷凍チャーハンを2/3量入れる。

2 1に味付きホルモンをのせ、覆うように残りの冷凍チャーハンをのせる。

3 ホットサンドメーカーを軽く閉じて火にかけ、中火で3分ほど焼く（フタは1分半程度ですべて閉まる）。

4 裏返し、さらに中火で2分30秒ほど焼く。

5 温泉たまごをのせる。

焼く前

甘いもの好きには
たまらないおいしさ！

つぶあんパンを頭の悪いスイーツに変身させてみました

つぶあんぱんのフレンチトースト

#甘さを司るカロリーの悪魔を召喚するだけの動画

材料(1回分)

- □ ミニつぶあんぱん……5個
- □ **A** 卵……1個
  牛乳……大さじ2
  砂糖……小さじ1
- □ バター……10g

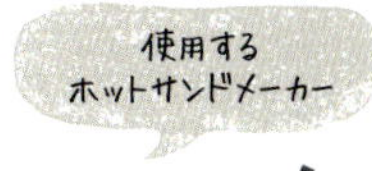

作り方

1. ボウルに**A**の材料を入れてよく混ぜ、卵液を作る。
2. ミニつぶあんぱんの表面と裏面に、フォークで数ヵ所穴を開ける。
3. **1**に**2**を浸し、全体に絡める。
4. ホットサンドメーカーにバターを入れて火にかけてとかし、火から下ろして全体に塗り広げる。
5. **3**からミニつぶあんぱんを取り出してホットサンドメーカーに入れ、上から卵液をかける。
6. ホットサンドメーカーを閉じ、中火で1分ほど焼く。
7. 裏返し、中火で1分ほど焼く。

焼く前

焼き印も楽しめる
アウトドアらしい
スイーツです

ホットケーキ

＃朝から白い粉黒い粉を
キメるだけの動画

材料（1枚分）

- □ **A** ホットケーキミックス……90g
  卵……1/2個
  牛乳……85ml
- □ サラダ油……適量
- □ バター……適量

作り方

1. **A**をまぜてホットケーキの生地を作る。
2. ホットサンドメーカーにサラダ油を塗り、1を入れる。このとき、焼くと膨らむので、入れる量は縁の5mm下くらいまでにすること。
3. ホットサンドメーカーを閉じ、中火で2分ほど焼く。
4. 裏返し、中火で2分ほど焼く。
5. きつね色に焼けたら、バターをのせる。

アレンジ

焼き上がったホットケーキに、アイスクリームとホットコーヒーをかければ、アフォガード風ソースで大人の味に！

PART 3

若葉まりえさん考案！

ホットサンドメーカー
HSMレシピ

「リロ氏」さんを知ったのは、ツイッターのタイムラインに、毎日のようにおいしそうな動画が流れてきたことがきっかけです。食べ物がテンポよくパッパッと出てくるのが面白く、また、香ばしそうな焼き色がついた動画から、いい香りとおいしさが伝わってくることが魅力でファンになりました。「今日はこんなの作ってるんだー」と毎日チェックしています。

今回、ホットサンドメーカー料理を作って感じたのが、「直火ならではの香ばしさは素晴らしい！」ということ。普段私は電子レンジ調理が主流ですが、「直火の料理っていいな」と思いました。ホットサンドメーカーひとつで、簡単手軽においしい料理が作れます。ぜひみなさんもトライしてみてください！

●若菜まりえ（わかな・まりえ）

時短料理研究家、料理ブロガー。1980年、神奈川県生まれ。夫、長男、長女と4人暮らし。広島大学で食品生科学を専攻。2016年に料理ブログ「つくりおき食堂」を開始し、現在は月間400万PV。Twitterでもフォロワーは40万人の人気を獲得。自身と同じように、働くワーキングマザーや、ワンオペ育児ママを助ける時短料理を提案している。著書に『つくりおき食堂の超簡単レシピ』（扶桑社）などがある。

食感を楽しみながら
豪快にかぶりつきたい！

ザクザクフライドチキン

材料(1回分)

- □ 手羽元……6本(360g)
- □ 味付き塩こしょう
  ……小さじ2/3
- □ オリーブオイル
  ……小さじ3
- □ おろしにんにくチューブ
  ……4cm
- □ おろししょうがチューブ
  ……4cm
- □ 小麦粉……大さじ3
- □ オールスパイス
  ……小さじ1/4

作り方

1. 手羽元は大きめのボウルに入れ、味付き塩こしょうを振って、全体になじませる。
2. 1にオリーブオイル小さじ2杯を入れ、菜箸でかきまぜて、全体になじませる。
3. 2ににんにくチューブ、しょうがチューブを入れ、菜箸でかきまぜ、全体になじませる。
4. 小麦粉を大さじ1ずつ3回に分けて入れ、入れるたびに菜箸で手羽元を返しながら、全体になじませる。
5. オールスパイスを入れ、菜箸でかきまぜ、全体になじませる。
6. ホットサンドメーカーに残りのオリーブオイル(小さじ1)を塗り、手羽元を互い違いにのせる。
7. ホットサンドメーカーを閉じて中弱火で4分焼き、裏返してさらに4分焼く。
8. 強火よりの中火にし、裏返しながら3分ほど焼き、表面に焼き色をつける。

ポイント

・最初から中火で焼くと、中まで火が通らないうちに表面が焦げてしまいます。中弱火でじっくり焼いて、中までしっかり火を通しましょう。

使用するホットサンドメーカー

- ■ ベーシック
- □ 圧着タイプ
- □ 厚いタイプ

焼く前

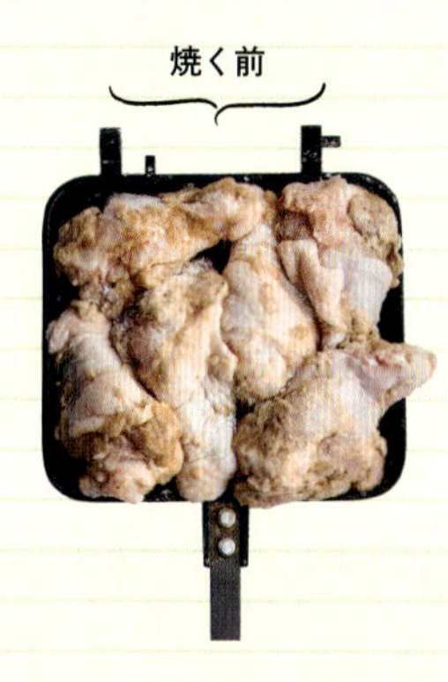

みんな大好き焼きおにぎりも
こんがりキレイに焼ける！

鮭しそバターの焼きおにぎり

● 材料(1回分)

- □ しそ……2枚
- □ ご飯……200g
- □ 鮭フレーク……30g
- □ 白いりごま……大さじ1
- □ バター……大さじ1

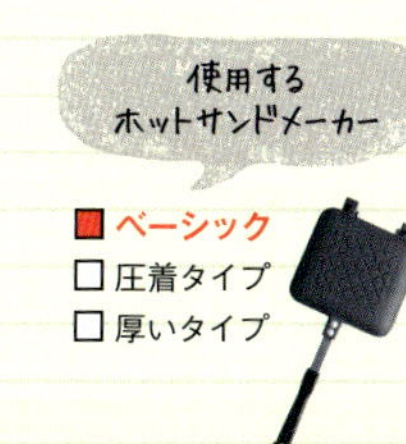

● 作り方

1 しそはハサミで細切りにする。

2 ボウルにご飯、鮭フレーク、白いりごま、しそを入れて混ぜる。

3 2をおにぎり型に握ってホットサンドメーカーに入れ、おにぎりの上と下にバターを置く。

4 ホットサンドメーカーを閉じ、裏返しながら、弱火で5分ほど表面に軽く焼き色がつくまで焼く。

焼く前

香ばしい香りがたまらない
焼き飯風キーマカレー

焼きキーマカレー

材料(1回分)

- □ A玉ねぎ……中1/4個(50g)
  - ご飯……150g
  - 合挽き肉……100g
  - 中濃ソース……大さじ2
  - ケチャップ……大さじ2
  - しょうゆ……小さじ2
  - カレー粉……小さじ1.5〜2　(好みで調整)
- □ サラダ油……小さじ2

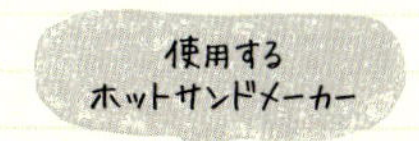

作り方

1. 玉ねぎは皮をむき、みじん切りにする。
2. Aをボウルに入れて混ぜ、全体をなじませる。
3. ホットサンドメーカーにサラダ油をひき、2を敷き詰める。
4. ホットサンドメーカーを閉じ、弱火で4分焼く。
5. 裏返し、肉に火が通るまで弱火で4分ほど焼く。

焼く前

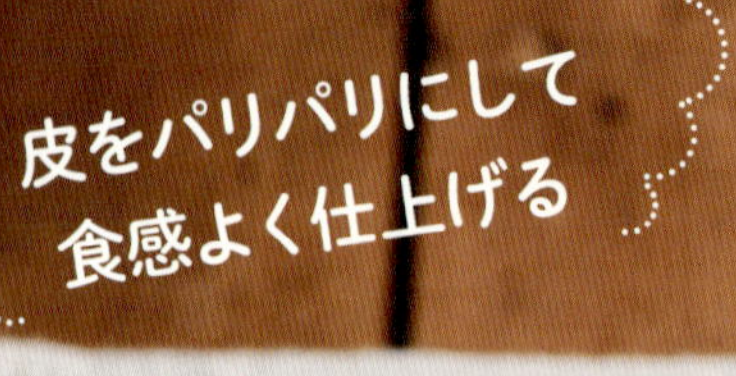
皮をパリパリにして
食感よく仕上げる

ハーブチキン

● 材料（1回分）

□ 鶏もも肉……1枚（300～330g）
□ ハーブソルト……小さじ2
□ 小麦粉……大さじ2
□ オリーブオイル……小さじ3

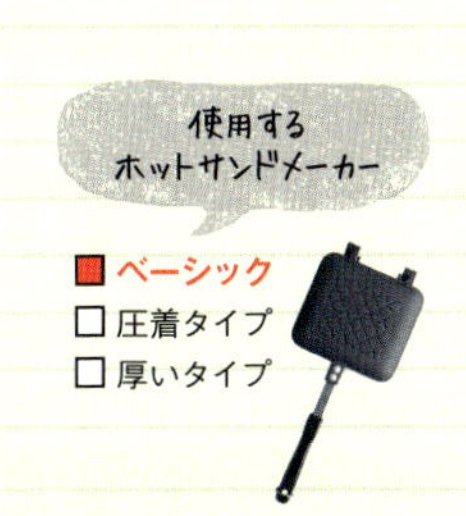

● 作り方

1 鶏もも肉の両面に、ハーブソルトを小さじ1ずつすりこむ。

2 1の両面に小麦粉を軽くまぶし、オリーブオイルを片面につき小さじ1ずつかけ、残った小麦粉をすべてつける。

3 ホットサンドメーカーに　残りのオリーブオイル（小さじ1）を塗り、2を皮を下にして入れる。

4 ホットサンドメーカーを閉じて、皮目のほうから中弱火で３分焼き、裏返してさらに中弱火で３分焼く。

5 再度裏返し、中火で両面を１～２分ずつ、両面にこんがり焼き色がつくまで焼く。

焼く前

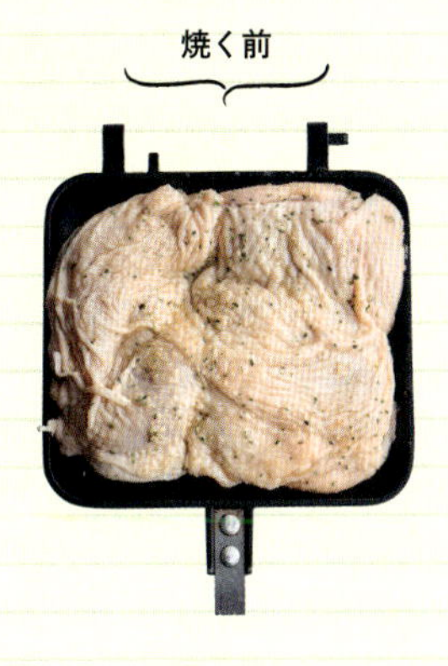

お酒もご飯も
どっちも進む！

厚揚げキムチーズ

材料(1回分)

- □ 厚揚げ……1枚
- □ とけるスライスチーズ……1枚
- □ 白菜キムチ……適量
- □ サラダ油……小さじ1
- □ めんつゆ(3倍濃縮)……大さじ1

使用するホットサンドメーカー

- ■ ベーシック
- □ 圧着タイプ
- □ 厚いタイプ

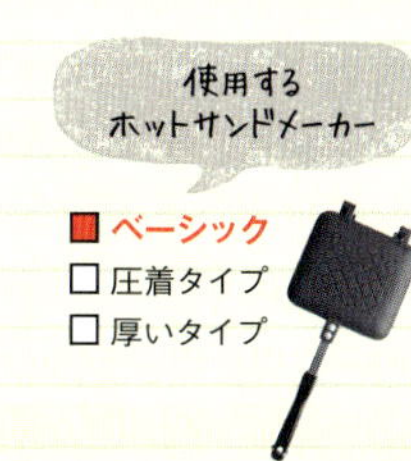

作り方

1. ホットサンドメーカーにサラダ油を塗り、厚揚げ、とけるスライスチーズ、白菜キムチの順に重ねる。
2. 1にめんつゆを回しかけ、ホットサンドメーカーを閉じて、弱火で5分ほど焼く。

焼く前

ポイント

- キムチは厚揚げの表面を覆う程度の量を目安に。
- めんつゆがこぼれるので裏返さないこと！　そのまま焼きましょう。

みたらしと豚バラの
想定外の食感＆おいしさ！

テレビでも話題になっていたレシピを
ホットサンドメーカーで再現しました

豚バラみたらし団子

材料(1回分)

- □ みたらし団子(市販)……3本
- □ 豚バラ肉……3枚(90g)
- □ 味付き塩こしょう……ひとつまみ
- □ サラダ油……小さじ1

使用する
ホットサンドメーカー

- ■ ベーシック
- □ 圧着タイプ
- □ 厚いタイプ

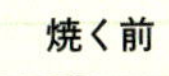

作り方

1 みたらし団子に豚バラ肉を巻き、味付き塩こしょうを振る。

2 ホットサンドメーカーにサラダ油を塗って、1を並べる。

3 ホットサンドメーカーを閉じ、弱火で5分ほど、裏返しながら豚バラ肉に火が通るまで焼く。

焼く前

ダブルチーズ蒸しパン

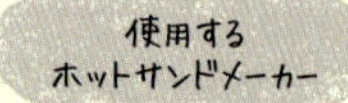

- ■ ベーシック
- □ 圧着タイプ
- □ 厚いタイプ

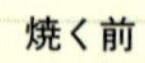

材料（1回分）

- □ チーズ蒸しパン……1個
- □ とけるスライスチーズ……2枚
- □ バター……12g

作り方

1. チーズ蒸しパンは3層になるように薄く切り、半分に折ったとけるスライスチーズをそれぞれ挟む。
2. ホットサンドメーカーにバターの半量（6g）を入れ、1を置き、上に残りのバターをのせる。
3. ホットサンドメーカーを閉じ、弱火で5分ほど、裏返しながら表面に軽く焼き色がつくまで加熱する。

PART 4

コレもあると便利！

フタ付き鉄フライパンレシピ

フタ付き鉄フライパンとは？

ネット上では、「ιΙΟ氏＝ホットサンドメーカーの人」で通じるようになりましたが、ほかによくいわれるのが、「鉄フライパンの人」です。実際、鉄フライパンはツイッターでの登場回数も多く、家でもアウトドアでも活用しているアイテムです。

ぼくが使用しているのは、魚焼きグリルで活用する人気のフライパンなのですが、実は直火でも使えます。フライパン・鍋・蒸し器、ついでに食器の役目も果たす万能さなので、これ１台あれば、たいていのものが作れます。本体もフタも取っ手もすべて鉄製です。これに目をつけ、ぼくはフタをフライパン代わりとして活用しています。

＊価格はすべて税込。

和平フレイズ ランチーニ グリル活用丸型パン18cm LR-7753　¥2,750

- 魚焼きグリルで使える人気のフライパン。ガスコンロでも使えます（IHもOK）。高温に強く熱伝導もよいので、焼き物・揚げ物・煮物・蒸し物など、短時間でさまざまな料理が作れます。
- このまま食卓に出せるスマートなデザインもいい感じ。1～2人前を作るのにちょうどいいサイズ感なので、１人暮らしやソロキャンプにもオススメです。

フタ付き鉄フライパンの使い方・調理の工夫

焼く・揚げる・煮る・蒸すなどさまざまな調理ができ、そのまま器としても使える万能な鉄フライパン。軽く、持ち運びもしやすいので、スキレット代わりに使う人も多いようです。家でもアウトドアでも活躍する、フタ付き鉄フライパンの使い方を紹介します。

初めて使うときは油をなじませて

使い始めるときには、洗ってゴミや汚れを落とし、布巾などで水分を拭き取ります。鉄フライパンに食用油を多めにひいて火にかけ、温まったら野菜くずを入れて炒めましょう。そうすることで、新品独特の匂いも和らぎ、油がなじみます。

フタは薄型フライパンになる！

フタは、本体と同じ形で鉄製の取っ手がついているので、それを薄型のフライパンとして、ぼくは活用しています。例えば、フライパン本体でメイン料理を作り、それと同時に、フタでピザやパン、卵、ウインナーなどを焼くこともできます。

取っ手が熱くなるので注意！

フタも本体も取っ手も鉄製なので、火にかけるとすべて熱くなります。とくに取っ手は、そのまま触ってしまうとやけどをする場合もあるので要注意。取っ手を持つときやフタをはずすときは、ハンドタオルやミトンなどを使いましょう。

お手入れして長持ち！

鉄製なので、水分があると錆びてしまいます。使用後は、キレイに洗って余分な水を拭き取り、弱火にかけてしっかり水気を飛ばしましょう。その後、鉄フライパン全体（フタや取っ手も含む）に、食用油を薄く塗って保管しましょう。

シズル感抜群の
なんちゃってイタリアン

アツアツがおいしいやつを
重ねてみました

トマト・ミートソース・チーズの3段重ね焼き

#新レシピ

材料（1回分）

- □ トマト……中1個（150g）
- □ ミートソース缶……260g
- □ とけるスライスチーズ……2〜3枚
- □ オリーブオイル……小さじ1
- □ バゲット……お好みで

焼く前

作り方

1. トマトは1cm幅に薄切りにする（大きい場合は半月切りにする）。
2. 鉄フライパンにオリーブオイルをひき、1を並べる。
3. 2の上にミートソースをかけ、とけるスライスチーズをのせる。
4. フタをし、弱火でじっくり4分ほど焼く。
5. 火から下ろし、お好みでバゲットなどを添える。

低コストで作れる！
マキシマムが決め手！

ly_rone's Recipe 44

もやしと豚肉の蒸し

マキシマムの
偉大さを感じます

#鉄フライパンでモヤシと豚を合法スパイスで蒸焼きにするだけの動画

材料（1回分）

□ もやし……1袋（200g）
□ 豚バラ肉……5～6枚（100g）
□ マキシマム……適量

作り方

1 鉄フライパンにもやしを入れ、マキシマムを振る。

2 1の上に豚バラ肉を並べる。

3 鉄フライパンにフタをして火にかけ、中火で6分ほど蒸し焼きにする。

4 火から下ろし、肉でもやしを巻いて食べる。

焼く前

ソロキャンの
ごちそうめし

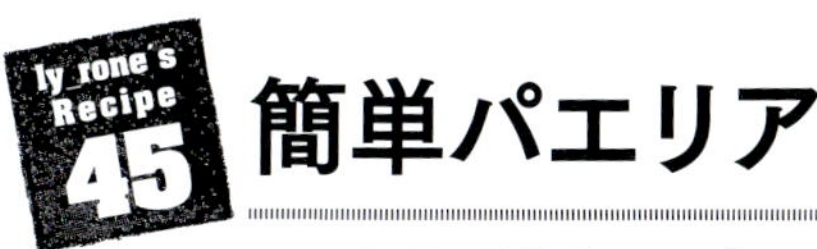

簡単パエリア

オシャレにパセリをかけてるけど
本当はいらな〜い

#1月6日某キャンプアニメが放送スタートですね！ところでもしかして
リロ氏がやってるのはそれに分類できるのでは？

材料(1回分)

- □ 鶏もも肉……80g
- □ トマト……1/2個
- □ 冷凍シーフードミックス……50g
- □ 無洗米……0.5合
- □ サラダ油……小さじ1
- □ 水……1/2カップ(100ml)
- □ シーズニング(パエリア用)……1/2袋

作り方

1. 鶏もも肉は食べやすい大きさに切り、トマトはくし形切りにする。冷凍シーフードミックスは解凍しておく。
2. 鉄フライパンにサラダ油をひいて熱し、鶏もも肉を焼く。
3. 肉の色が変わったら、米、水、トマト、シーズニング、シーフードミックスの順に入れる。
4. 鉄フライパンにフタをし、弱火で10分ほど炊く。
5. 火を止め、フタをしたまま10分蒸らす。

ポイント

米の固さが気になる人は、加熱時間を２分程度増やすか、蒸らし時間を長くして調整しましょう。

いろいろな野菜を
巻いてみて！

豚肉で巻いただけなのに
なんでこんなにうまいのだろう

アスパラとえのき、ねぎの豚肉巻き

#安い豚肉と細長い植物を鉄フライパンで蒸焼きにするだけの動画

材料(1回分)

- □ グリーンアスパラガス……2本
- □ 長ねぎ……1/2本
- □ えのきだけ……1/2袋(90g)
- □ 豚薄切り肉……200g
- □ サラダ油……小さじ1
- □ マキシマム……適量

焼く前

作り方

1. グリーンアスパラガスは根元の固い部分を切って4cmの長さに切る。長ねぎも4cmの長さに切る。えのきだけは、石づきを取り除いて半分の長さに切る。
2. 豚薄切り肉を広げて、1の野菜をそれぞれ巻く。グリーンアスパラガス巻き(豚肉1枚にグリーンアスパラガス3本)、ねぎ巻き（豚肉1枚にねぎ1個)、えのきだけ巻き（豚肉1枚にえのきだけ1/4量）を作る。
3. 2にマキシマムを軽く振って鉄フライパンに並べ、再度、マキシマムを振る。
4. 鉄フライパンにフタをし、中火で5分ほど蒸し焼きにする。
5. 肉と野菜に火が通ったら、火から下ろす。

心と身体を
ほっこり温める

作るのがめんどくさいロールキャベツも
冷凍食品で超簡単に

ロールキャベツのシチュー

#新レシピ

材料(1回分)

- □ 冷凍ロールキャベツ……5個(400g)
- □ 牛乳……1/2カップ(100ml)
- □ クリームシチューのルー……20g
- □ バゲット……お好みで

焼く前

作り方

1. 鉄フライパンに冷凍ロールキャベツを並べ、牛乳、クリームシチューのルーを入れる。
2. フタをし、弱火でじっくり10分ほど煮込む。
3. 火から下ろし、お好みでバゲットなどを添える。

超人気鍋のキムチ味版！
ご飯にもお酒にも◎

ly_rone's Recipe 48

豚肉と白菜の蒸し煮

詰め込こめば
詰め込むほどうまい

#デカい草と豚肉を鉄フライパンに詰め込んで煮込むだけの動画

材料（1回分）

- □ 白菜……大きめの葉5枚くらい（250g）
- □ 豚バラ肉……200g
- □ 一人用鍋ポーション（キムチ）……2個
- □ ポン酢……適量

作り方

1. 白菜→豚バラ肉（2～3枚）→白菜と層に重ねていく（最後は白菜になるようにする）。
2. 1を2cm幅に切る。
3. 2を鉄フライパンに、なるべく隙間がないように立てて詰め、鍋ポーションをかける。
4. 鉄フライパンにフタをし、弱中火で15分ほど煮る。
5. 火から下ろし、お好みでポン酢をつけて食べる。

焼く前

しょうゆとバターの
最強タッグがたまらない！

やみつききのこ

レシピはバターですが、
ニセバター(マーガリン)でもOK!

#余ったキノコを醤油とニセバターで煮込むだけの動画

材料(1回分)

- □ ヒラタケ……1パック(120g程度)
  ＊お好みのきのこでOK
- □ バター……10g
- □ 酒……大さじ1
- □ しょうゆ……小さじ1
- □ お好みのパン……適量

作り方

1. 鉄フライパンにヒラタケを入れてバターをのせ、酒、しょうゆを回しかける。
2. フライパンにフタをし、中火で3分ほど煮る。
3. 火から下ろし、パンを添える。

焼く前

定期的に食べたくなる
魔性のアヒージョ

シマチョウの和ヒージョ

＃ 明日、人には会えなくなる料理を作るだけの動画

材料（1回分）

- □ シマチョウ……280g
- □ にんにく……1個
- □ マキシマム ……適量
- □ しょうゆ……小さじ1
- □ みりん……小さじ1
- □ とうがらし（輪切り）……適量
- □ バゲット……適量

作り方

1. にんにくは薄皮をむいて、バラバラにしておく。
2. シマチョウにマキシマムを振り、鉄フライパンに入れ、1をのせる。
3. フタをして火にかけ、中火で4分ほど蒸し焼きにする。
4. フタを少しずらして、しょうゆ、みりん、とうがらしを入れ、中火で1分30秒ほど蒸し焼きにする。
5. 火から下ろし、バゲットを添える。

安定して
うまいやつ！

アサリの酒蒸し

#すごく寒いので酒蒸しアサリと
熱燗で温まるだけの動画

材料(1回分)

- □ 長ねぎ……1/2本
- □ アサリ(砂抜きしたもの)……300g
- □ 酒……大さじ1
- □ おろししょうがチューブ……1cm

作り方

1. 長ねぎは2cm幅の斜め切りにする。
2. 鉄フライパンにアサリを入れて酒を回しかけ、おろししょうが、長ねぎを入れる。
3. 鉄フライパンにフタをし、アサリの殻が開くまで、中火で4分ほど煮る。

リロ氏（りろし）

Twitter アカウント『リロ氏』、ブログ『ハイキングハンティング.txt』などのアカウント主。平成生まれのソロハンター＆ソロキャンパーとして、狩猟情報やアウトドア情報を発信している。猟銃の所持歴は 10 年目。Twitter で投稿するホットサンドメーカー使用のレシピ動画は 258 万再生とバズり、現在はフォロワー 24 万人（2020 年 5 月時点）を超える人気を獲得している。

レシピ協力：合同会社 HITOOMOI
カバーデザイン：菊池 祐（株式会社ライラック）
本文デザイン：今住真由美（株式会社ライラック）
撮影：市瀬真以、尾島翔太
スタイリスト：木村柚加利
編集協力・イラスト：プー・新井
撮影協力：UTUWA　03-6447-0070
和平フレイズ株式会社
株式会社ワキプリントピア

リロ氏のソロキャンレシピ

2020 年 7 月 9 日　第 1 刷発行

著　者　リロ氏
発行者　室橋一彦
発行所　株式会社マキノ出版
〒101-0062　東京都千代田区神田駿河台 2-9-3F
☎ 03-3233-7816
マキノ出版のホームページ　https://www.makino-g.jp/
印刷所
製本所　株式会社廣済堂

お問い合わせは、編集関係は書籍編集部（☎ 03-3233-7822）、
販売関係は販売部（☎ 03-3233-7816）へお願いいたします。

定価はカバーに表示してあります。
ISBN 978-4-8376-7325-5